7
Lk 4083.

LES

TROIS CHEVALIERS

DÉFENSEURS DE LA CITÉ DE LIMOGES

(1370)

PAR L'ABBÉ ARBELLOT

CURÉ-ARCHIPRÊTRE DE ROCHECHOUART
CORRESPONDANT DU MINISTÈRE DE L'INSTRUCTION PUBLIQUE

LIMOGES

Imprimerie de Chapoulaud frères

1858

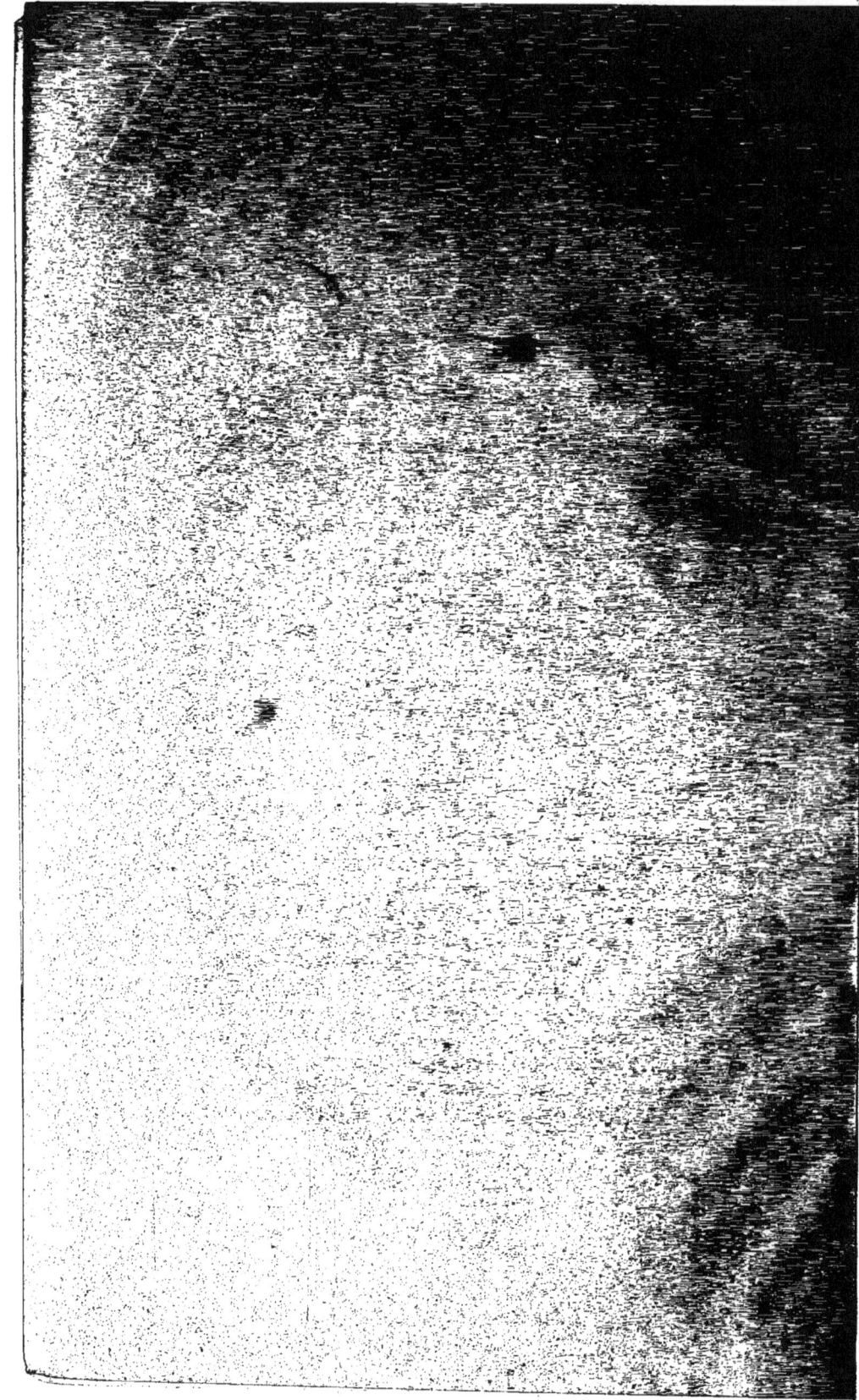

LES TROIS CHEVALIERS

DÉFENSEURS DE LA CITÉ DE LIMOGES.

(1370.)

I.

Un des faits les plus saillants de l'histoire du Limousin, c'est la prise de la cité de Limoges par Edouard, prince de Galles, en 1370.

La brillante renommée du prince anglais qui commandait le siége, l'horrible carnage qui fut fait des habitants, la résistance héroïque des chevaliers qui défendaient la place, tout contribue à jeter sur ce fait un intérêt dramatique.

Froissart et les chroniques limousines nous ont conservé le nom des trois chevaliers dont la vaillance excita l'admiration du prince anglais : ces braves se nommaient Jean de Villemur, Hugues de La Roche, Roger de Beaufort. La plupart de nos annalistes et antiquaires, Collin, le P. Bonaventure, de Verneilh-Puyraseau, Leymarie, etc., ont enregistré leur nom ; mais aucun d'eux n'a songé à faire des recherches sur la famille de ces chevaliers, sur le lieu de leur origine, sur les autres faits de leur biographie. Ce n'est pas que l'intérêt de la question leur eût échappé : l'un d'eux, M. de Verneilh, s'écriait : « Quelle noble illustration ce serait aujourd'hui pour leurs descendants s'ils étaient connus (1) ! » Mais ce sujet

---

(1) *Histoire de l'Aquitaine*, T. II, p. 233.

exigeait des recherches longues et pénibles : voilà pourquoi peut-être il a aujourd'hui l'intérêt de la nouveauté. Toutefois nous ne pouvons parler de ces trois chevaliers sans donner préalablement quelques détails sur la cité de Limoges, et sur le siége qu'en fit le prince de Galles.

II.

La plupart des historiens ou écrivains étrangers à notre province qui ont parlé de ce fait, Froissart, Montaigne, Dupleix, Velly, Lingard, etc., ne connaissant pas la distinction de la *cité* et de la *ville* ou *château* de Limoges, ont dit, d'une manière *absolue*, que Limoges avait été pris et saccagé par les Anglais : c'est inexact. Nos écrivains limousins ont, pour la plupart, évité cette confusion. On sait que, au moyen-âge, à partir du xe siècle, il y avait à Limoges deux villes distinctes : la cité (*civitas*) ou ville épiscopale, formée autour de la cathédrale, et le château (*castrum*) ou ville de second ordre, qui s'était formée au xe siècle, auprès de l'abbaye de St-Martial, et qui, au xiie siècle, avait reçu son périmètre actuel. Depuis la prise de la cité en 1370, le *château* est devenu la ville principale.

Cette distinction est nécessaire pour l'intelligence d'un certain nombre de faits. Ainsi, c'est la *cité* de Limoges qui fut prise par Théodebert au vi^e siècle, et par Pepin le Bref en 763, et non pas la *ville* ou *château*, qui n'existait pas encore. C'est la *cité* qui fut assiégée par les Anglais en 1370, et non pas la *ville*, qui était sous leur domination. Au xiie siècle, Henri le Vieux occupait la *cité*, et Henri le Jeune était maître du *château*. Aujourd'hui encore, ces deux villes n'ont pu se confondre entièrement, et le boulevard de la *Cité* est en dehors des boulevards qui font le tour de la *ville*.

L'enceinte de la *cité* n'occupait pas une grande étendue, et il est facile d'en retrouver le périmètre. Nous lui connaissons au moins quatre portes : 1° la porte du *Naveix* (1), que quelques mémoires appellent aussi *Aleresia*, sans doute parce qu'elle était dans le voisinage de la tour de ce nom, près de laquelle le prince Noir fit miner les murs de la cité. Cette porte était située au point de jonction de la rue des Petits-Carmes et de la rue du Pont-Saint-Etienne ; 2° la porte *Panet* (2) ou de *St-André*, ainsi nommée à cause

---

(1) BONAVENTURE, T. III, p. 513, 659. — *Limousin historique*, T. I, p. 107, 397.
(2) BONAVENTURE, T. II, p. 209.

du monastère de ce nom, occupé avant la révolution par les Petits-Carmes, aujourd'hui par les religieuses de la Visitation : cette porte, qui fut détruite en 1781, se trouvait à l'extrémité de la rue Porte-Panet, à laquelle elle a donné son nom; 3° la porte *St-Maurice* (1), près de l'ancienne église de ce nom, qui appartient aujourd'hui au couvent des Carmélites ; 4° la porte *Scudarie*, dont le nom nous a été révélé par le procès-verbal de la reddition de la cité en 1370 (2) : cette porte se trouvait à l'extrémité de la rue actuelle de la Cité, en face du faubourg Boucherie et de la rue des Charseix. Peut-être deux autres portes servaient-elles de débouché à la rue Ste-Afre et à celle de l'Evêché. Outre la tour *Aleresia*, située près de la porte du *Naveix*, on cite encore la tour de *Maumont*, qui fut détruite en 1533, lorsque Jean de Langeac fit construire son palais épiscopal, près de l'emplacement qu'occupe l'évêché actuel. Si l'on veut faire le tour des remparts de la cité, on n'a qu'à remonter, à partir de la porte *Panet*, le boulevard St-Maurice, et à suivre le boulevard de la Cité jusqu'à la rue de l'Evêché, près de la maîtrise de la cathédrale. De là il faut tirer une ligne qui partage la maîtrise et le palais épiscopal, et qui aille, en longeant les hauts jardins du séminaire, rejoindre la porte Panet par la rue St-Domnolet et la rue des Petits-Carmes. L'aquéduc de la Règle (aujourd'hui grand séminaire), qui faisait le tour des remparts de la cité à partir de la rue des Allois, peut servir encore à en mesurer le circuit. — Abordons maintenant notre sujet.

III.

Depuis le traité de Bretigny (7 mai 1360), qui avait rendu le roi Jean à la France, et qui avait cédé à l'Angleterre une moitié des provinces du royaume, le Limousin avait passé sous la domination des Anglais. L'Aquitaine, ou, comme on disait par corruption de langage, la *Guyenne,* avait été érigée en principauté relevant directement de l'Angleterre, et le vainqueur de Poitiers, Edouard, prince de Galles, avait été chargé de ce nouveau gouvernement. Mais les impôts excessifs qu'il établit sur le pays, à son retour de l'expédition de Castille, pour payer l'arriéré de solde qu'il devait à ses troupes, excitèrent le mécontentement des seigneurs de Guyenne, qui se

---

(1) Bonaventure, T. II, p. 209.
(2) *Bulletin archéologique,* T. III, p. 153.

plaignirent au roi de France des vexations du prince Edouard. Charles V, qui était sur le trône depuis la mort du roi Jean, son père (1364), et qui désirait ardemment rentrer en possession des provinces que le traité de Bretigny avait enlevées à sa couronne, sut habilement profiter du mécontentement des barons d'Aquitaine; et, pour faire droit à leurs griefs, il assigna le prince Noir devant la cour des pairs de Paris. On connaissait assez le caractère altier du prince anglais pour s'attendre à un refus de comparaître, et on ne demandait pas autre chose. Le 14 mai 1370, un arrêt de la cour des pairs confisqua au profit du roi de France le duché de Guyenne, et la guerre éclata de nouveau.

IV.

Charles V, disent nos chroniques, avait engagé les habitants de Limoges à se rendre : mais ils avaient peur du prince de Galles, qui résidait à Angoulême. Et, en effet, ce prince, suspectant leur fidélité, envoya, pour garder la ville, Jean Chandos, un de ses capitaines (1). Cette précaution n'était pas inutile, car déjà une armée, commandée par les ducs de Berry et de Bourbon, s'approchait du Limousin pour le soumettre au roi de France (2).

« La cité de Limoges pour lors étoit forte, bien munie de murailles, tours et fossés, et pouvoit battre la plaine par le moyen du clocher et de l'église St-Etienne, qui commande partout (3). » — « Le duc de Berry vint y mettre le siége avec une armée composée, nous dit Froissart, d'environ douze cents lances et trois mille brigands. Avec le duc de Berry étaient le duc de Bourbon, le comte d'Alençon, messire Guy de Blois, messire Robert d'Alençon, comte du Perche, messire Jean d'Armagnac, messire Hugues Dauphin, messire Jean de Villemur, messire Hugues de La Roche, le sire de Beaujeu, le sire de Villars, le sire de Sérignac (lisez *Chérignac*), messire Geoffroy de Montagu, messire Louis de Maleval, messire Raymond de Mareuil, messire Jean de Boulogne, messire Godefroy, son oncle, et plusieurs autres chevaliers et écuyers (4). »

---

(1) Ce ne pouvait être, ainsi que l'affirment les chroniques, Jean Chandos le connétable d'Aquitaine, qui avait été tué l'année précédente, en 1369, au combat de Lussac en Poitou.

(2) *Chroniques limousines*, ap. *Limousin historique*, T. I, p. 394, 395.

(3) *Chroniques limousines*, ibid., p. 395.

(4) Froissart, édition Buchon, T. 1, p. 611.

Le duc de Berry, en choisissant de préférence la cité pour en faire le siége, savait bien d'avance qu'il ne trouverait là qu'une résistance médiocre. L'évêque de Limoges, Jean de Crose, et les principaux habitants, qui étaient restés Français de cœur, étaient animés des meilleures dispositions à l'égard du roi de France. « Il y avait bien là, dit Froissart, quelques Anglais : mais ils n'étaient point maîtres : car l'évêque tenait et gouvernait la cité. »

Bertrand du Guesclin étant venu rejoindre au siége les ducs de Berry et de Bourbon, les Français s'en réjouirent grandement. Le preux chevalier n'était pas encore connétable de France; mais il avait une réputation de bravoure qui fit le plus grand effet sur les dispositions des assiégés. Il poursuivit avec tant de soin et de sagesse les traités entamés entre l'évêque de Limoges et le duc de Berry que ceux de la cité *se retournèrent Français*. L'évêque Jean de Crose obtint surtout ce résultat en affirmant aux *citoyens* que le prince de Galles, qu'il avait laissé, tout récemment, malade à Angoulême, était dans un état qui ne laissait pas d'espoir (1). Donc « le duc de Berry, le duc de Bourbon, messire Gui de Bloys et autres seigneurs de France entrèrent dans la cité avec grande joie, en prirent les *foys* et hommages, et s'y rafraîchirent et reposèrent pendant trois jours (2) ». — Le capitaine anglais Jean Chandos, qui était maître de la ville, essaya bien pendant ce temps quelques escarmouches; mais ces sorties n'aboutirent qu'à la destruction des faubourgs qui se trouvaient entre la ville et la cité (3). — « Quand le duc de Berry partit de Limoges, il ordonna et institua à demeurer en ladite cité, à la requête de l'évêque dudit lieu, monseigneur Jean de Villemur, messire Hugues de La Roche, et Roger de Beaufort, à cent hommes d'armes (4). » Les chroniques du pays disent « avec deux cents lances (5) ».

V.

Le procès-verbal de la reddition de la cité, qui se trouve dans nos archives, a été publié en 1851. Comme cette pièce est très-curieuse, nous allons la reproduire ici en entier :

« Le 24 août 1370, sur l'heure de tierce, comparoissent puissants

---

(1) *Chroniques limousines*, ap. *Limousin historique*, T. I, p. 395.
(2) Froissart, édition Buchon, T. I, p. 616.
(3) *Chroniques limousines*, ap. *Limousin historique*, T. I, p. 395.
(4) Froissart, édition Buchon, T. I, p. 617.
(5) *Chroniques limousines*, loc. cit., p. 396.

et excellents hommes Jean, duc de Berri et d'Auvergne, lieutenant pour Charles, roy de France, son frere; Louis, duc de Bourbon; Jean, comte de la Marche; Louis de Sancerre, maréchal de France, tous en armes, et accompagnés d'une multitude de gens d'armes, lesquels étant au-devant et hors le portail appelé de Scudarie (1) de la cité de Limoges, sçavoir au dedans la premiere barriere ou le parc, déclarent à R. P. en Dieu Jean, évêque de Limoges, et vénérables Seguin de Pompadour, Bernard de Combornarie (*alias* de Latour), Hélie Amie (2), chanoines de l'église de Limoges; à sieurs Jean Sambuti (*alias* de Chapeliana), Pierre de Rocheferriere, prêtres; à prud'hommes maîtres Guillaume La Chicze (Guillaume La Chalm), clers notaires; à Pierre Sapientis, à Jean Alan (*alias* de Chambareu), consuls de ladite cité; à André Gasto, Bernard Dupont, Bernard Bilho, Bernard Quinqui, Bernard La Rebiere, Pierre de Montanis, Jean de La Bruyere, Laurens Mornaud, Jourdain Polet, citoiens et habitants de la cité,

» Que, par le traité de paix dernierement conclu entre feu Jean, roy de France, pere dudit Charles, roy de France, et dudit duc de Berri, d'une part, et ceux d'Angleterre d'autre, la supériorité et ressort de tout le duché d'Aquitaine etoit demeuré expressément réservé audit feu roy de France.

» Pourquoi ils requierent que lesdits habitants de la cité reconnoissent ledit roy de France pour leur seigneur, leur vrai et légitime supérieur, qu'ils lui obéissent et lui fassent serment de fidélité et obéissance.

» Lesdits citoiens répondent : qu'ils sont instruits du susdit traité de paix ; qu'ils sont *enfants* d'obéissance; qu'ils s'offrent et sont prêts à reconnoître ledit roy de France, qu'ils reconnoissent en effet pour leur supérieur, pour leur vrai et légitime seigneur, à qui ils veulent en tout et partout obéir, et observer ses ordres de toutes leurs forces, voulant bien introduire dans ladite cité les susdits seigneurs comme députés du roy, et observer exactement tout ce qu'il leur plaira ordonner. Ensuite lesdits consuls, pour eux et au

---

(1) La porte *Scudarie* était à l'entrée de la rue actuelle de la Cité, du côté du faubourg *Boucherie*. Les *scutarii*, ou faiseurs de monnaie, étaient établis, au xe siècle, devant la porte *Orlogette*, plus tard porte *Poulaillère*, dans la direction de la porte *Scudarie*, qui a pu tirer son nom de ce voisinage.

(2) Hélie Lamy fut un des quatre chanoines qui restèrent à la cathédrale après la destruction de la cité. (Voir Bonaventure, T. III, p. 664.) Il fut maître de l'œuvre dans les réparations qui furent faites à cet édifice vers la fin du xive siècle. (Voir mon *Histoire de la cathédrale*, p. 70.)

nom de tous les citoïens, font auxdits seigneurs, au nom du roy, le serment de fidélité et obéissance.

» Apres quoi, ils ouvrent ledit portail de Scudarie et autres portes, et ledit seigneur maréchal de France, par l'ordre desdits seigneurs, ayant fait déployer et élever la baniere ou enseigne du roy, entre avec une grande multitude de gens d'armes dans ladite cité, ou il est reçu avec révérence et joye par tous les habitants, dont plusieurs sont montés sur ledit portail et sur les murs de ladite cité, et tous crient, sans cesse et à haute voix : « Mont-joye » saint Denis ! » ladite baniere précédant le maréchal étant portée par noble et puissant seigneur Jean de Villemur, qui la plante, tout de suite, au-dessus dudit portail, en signe de tout ce qui vient de se passer (1). »

Ce procès-verbal sert à rectifier une erreur chronologique de Froissart, qui a été reproduite par d'autres historiens. Ce chroniqueur prétend que le prince de Galles employa *un mois* au siége de la cité : or il est facile de démontrer l'inexactitude de ce détail. En effet, la cité s'étant rendue au roi de France le 24 août 1370, et ayant été prise par le prince Noir le 19 septembre suivant, il a fallu au moins dix jours à ce prince pour recevoir la nouvelle de la reddition de la cité, et venir d'Angoulême avec son armée pour en faire le siége : du 4 septembre au 19, c'est quinze jours seulement que le siége aura duré. Mais revenons à notre récit.

VI.

Le prince de Galles, ayant appris que la cité de Limoges s'était rendue française, en fut fort courroucé; et, sachant que l'évêque en était cause, il n'eut plus d'estime pour les gens d'église, comme il faisait auparavant, et il jura sur l'âme de son père (que jamais il ne parjura) qu'il recouvrerait cette ville, quoi qu'il en coutât, et que jamais il ne s'occuperait d'autre chose avant d'être venu à bout de son dessein. Ses gens étaient assemblés à Cognac au nombre de douze cents lances, chevaliers et écuyers, mille archers et trois mille hommes de pied..., qui *en ordonnance tinrent les champs*, marchant vers Limoges, et *faisant frémir la terre devant eux* (2).

(1) *Bulletin de la Société Archéologique*, T. III, p. 153.
(2) *Chroniques limousines*, ap. *Limousin historique*, T. I, p. 396. — FROISSART, édit. Buchon, T. I, p. 617. — Les Chroniques limousines portent plus haut le chiffre de l'armée anglaise. Elles disent : deux mille cinq cents lances, six cents archers et trente mille hommes de pied. (*Limousin historique*, T. I, p. 396.) Nous croyons que Froissart est dans le vrai.

Le prince de Galles, à cause de sa maladie, ne pouvant se tenir à cheval, se faisait porter en litière jusqu'à ce qu'il fut arrivé devant la cité de Limoges. Il se logea au couvent de St-Gérald (1), et le duc de Lancastre, au couvent des Jacobins (2); les comtes de Pembroke et de Cambridge occupèrent le monastère de Saint-Augustin (3) avec les seigneurs de Guyenne ; les chevaliers de Poitou, de Saintonge, de Périgord, d'Angoumois et de Limousin se logèrent au couvent de St-Martin et des Cordeliers (4); Thomas Felleton et ses archers s'établirent au delà de la Vienne. Le prince de Galles renouvela son serment de ne pas partir de la cité qu'il ne l'eût réduite à son obéissance (5).

L'évêque Jean de Crose connut alors la faute qu'il avait faite d'avoir donné sujet au prince d'être tellement irrité ; mais il n'était plus temps de se repentir, et il n'était plus le maître ; car Jean de Villemur, Hugues de La Roche et Roger de Beaufort rassuraient les citoyens : « Ne vous effrayez pas : nous sommes forts et assez nombreux pour tenir contre la puissance du prince : il ne peut par assaut nous prendre ni grever : car nous sommes bien pourvus d'artillerie (6) ».

Le prince, ayant vu la situation de la cité, fit venir ses mineurs, qu'on appelait alors *hurons*, et il les mit en besogne du côté du Naveix, près de la tour nommée *Aleresia*, où les murs étaient assis sur le tuf, et non sur le roc. Pendant les quinze jours que dura ce travail, le prince ne voulut pas tenter l'assaut, et ne permit à ses troupes de faire aucune escarmouche. Les chevaliers qui étaient dans la ville s'aperçurent bien qu'on les minait, et essayèrent bien de faire une contre-mine pour tuer les hurons anglais; mais ils ne purent les rencontrer. Ceux-ci appuyèrent cent coudées de murailles, près de la tour Aleresia, sur des pilotis de bois enduits de soufre, et mélangés de matières sèches ; et, quand leur travail fut terminé, ils vinrent trouver le prince, et lui dirent : « Monseigneur, nous ferons renverser, quand il vous plaira, un grand pan de murs

---

(1) Aujourd'hui l'hôtel de ville.
(2) Aujourd'hui l'église Sainte-Marie.
(3) Aujourd'hui maison centrale de détention.
(4) Le couvent de Saint-Martin est aujourd'hui le pensionnat de Mlle de Brettes ; le local des Cordeliers est occupé par la maison Pouyat.
(5) Ces détails nous sont donnés par les Chroniques limousines, qui paraissent composées d'après des mémoires contemporains.
(6) Froissart, T. I, p. 617. — *Chroniques limousines*, loc. cit., T. 1, p. 396.

dedans les fossés (1), par où vous entrerez dans la cité, tout à votre aise, sans danger ». Ces paroles plurent grandement au prince : « Oui, dit-il, je veux que demain, à l'heure de prime, votre ouvrage se montre (2) ».

Le lendemain, suivant l'ordre du prince, le feu ayant été mis, les murailles renversées, les Anglais étant en armes prêts à combattre, et l'assaut donné au cri des trompettes et clairons, les gens à pied donnèrent dedans, puis montèrent sur les murailles, et coupèrent les fléaux des portes, et les abattirent et les barrières aussi, car il n'y avait point de défense. Et cela fut fait si soudainement que les gens de la ville ne s'en donnèrent de garde (3).

Ce jour fatal était le 19 septembre 1370. On pourrait croire aux jours néfastes, car il y avait quatre ans, jour pour jour, que s'était livrée la désastreuse bataille de Poitiers, la plus funeste à la France, la plus glorieuse au prince de Galles.

VII.

« Et alors vous eussiez vu le prince de Galles, le duc de Lancastre, le comte de Cambridge, le comte de Pembroke, messire Guichard d'Angle et autres gens de guerre entrer dans la cité, et les pillards à pied, tout prêts à mal faire, courir la ville, et tuer hommes, femmes, enfants ; car c'est ainsi qu'il leur avait été commandé. Là il y eut grand'pitié ; car hommes, femmes et enfants se jetaient à deux genoux, mains jointes, devant le prince, et criant : « Miséricorde, gentil sire !... » — Mais il était si enflammé de colère qu'il n'entendait rien, et les laissait massacrer devant lui ; et tous ceux qu'on rencontrait étaient passés au fil de l'épée (4). — « Il semblait, dit John Lingard, que l'âme cruelle et vindicative de don Pèdre eût passé dans le sein du héros anglais (5) ». — « Ainsi ils vinrent, tuant et massacrant, depuis la porte St-André (porte Panet) jusqu'à la grande porte de l'église St-Etienne (6) ». — « Le sang couloit

---

(1) Ce pan de mur renversé correspondait vraisemblablement à la rue actuelle des Petits-Carmes.
(2) Froissart, T. 1, p. 619.
(3) *Chroniques limousines*, ap. *Limousin historique*, T. 1, p. 397.
(4) Froissart, édition Buchon, T. 1, p. 620. — *Chroniques limousines*, ap. *Limousin historique*, T. 1, p. 397.
(5) *Histoire d'Angleterre*, Edouard III, T. IV, p. 156.
(6) *Chroniques limousines*, loc. cit., C. V, T. 1, p. 397.

comme un ruisseau », dit un chroniqueur du temps (1), dans cette rue à pente rapide qui longe le chevet de la cathédrale. — « Là il y eut une grande tuerie, parce que les citoyens s'étoient retirés dedans, pensant être en sûreté : mais cela leur servit peu. Et ils mouroient piteusement ceux et celles qui n'étoient nullement coupables de révolte (2). » — « Et je ne sais comment, dit Froissart, ils n'avoient pas pitié de gens qui n'étoient pas capables de trahison : mais ceux-là le payèrent plus que les grands maîtres qui avoient fait le mal. Il n'est cœur si dur qui fût alors dans la cité de Limoges, et qui eût souvenance de Dieu, qui ne pleurât amèrement sur ces scènes d'horreur et de carnage : car plus de trois mille hommes et femmes et enfants y furent décollés dans cette journée. Dieu en ait les âmes ! car ils furent bien martyrs (3). »

« En entrant dans la ville, une troupe d'Anglais alla au palais de l'évêque, qu'ils prirent, lièrent et emmenèrent *sans ordonnance* devant le prince. Celui-ci le regarda d'un œil furieux, et la plus belle parole qu'il lui sut dire, ce fut qu'il lui ferait trancher la tête « par la foi qu'il devoit à Dieu et à saint Georges » ; puis il le fit ôter de sa présence (4). »

VIII.

« Parlons maintenant, dit Froissart, des chevaliers qui étoient céans : messire Jean de Villemur, messire Hugues de La Roche, Roger de Beaufort, fils du comte de Beaufort, capitaines de la cité. Quand ils virent la tribulation et la ruine qui couroient ainsi sur eux et sur leurs gens, ils dirent : « Nous sommes tous morts si nous
» ne nous défendons vaillamment. Or vendons chèrement notre vie,
» ainsi que de bons chevaliers doivent faire. » Alors messire Jean de Villemur dit à Roger de Beaufort : « Il faut que vous soyez armé chevalier ». Roger de Beaufort lui répondit : « Sire, je ne suis pas
» assez vaillant pour être armé chevalier, et je vous remercie de ce
» que vous me proposiez un pareil honneur ». Il n'en dit pas davantage. « Et sachez, ajoute Froissart, qu'ils n'avoient pas bien

---

(1) Bonaventure de Saint-Amable. T. III, p 659.
(2) *Chroniques limousines*, loc cit., p. 397.
(3) Froissart, édition Buchon, T. I. — Les Chroniques limousines donnent un chiffre plus élevé : « Plus de dix-huit mille personnes, tant petits que grands, y furent tuées », p. 398. — Le récit de Froissart nous parait plus vraisemblable, eu égard au peu d'étendue de la cité.
(4) Froissart, loc. cital.

loisir de parler longuement ensemble ». Cependant ils se reculèrent en une place (1), et ils s'appuyèrent contre un vieux mur. Messire Jean de Villemur et messire Hugues de La Roche déployèrent leurs bannières, et se mirent en bon état de défense. Ils pouvaient être ensemble au nombre d'environ quatre-vingts. Mais voici venir le duc de Lancastre et le comte de Cambridge et leurs gens. Ils mettent aussitôt pied à terre, sans doute pour combattre leurs adversaires loyalement et suivant les lois de la courtoisie, et ils viennent attaquer hardiment les défenseurs de la cité. « Vous devez savoir, ajoute le naïf chroniqueur, que leurs gens ne purent tenir pied contre les Anglais, et qu'ils furent bientôt blessés, tués ou faits prisonniers. Là combattirent longuement le duc de Lancastre et messire Jean de Villemur, qui était « grand chevalier, et fort, et bien taillé de tous ses membres », puis le comte de Cambridge et messire Hugues de La Roche, puis le comte de Pembroke et messire Roger de Beaufort, qui n'était alors qu'écuyer, et ces trois Français firent plusieurs expertises d'armes, et tous les autres les laissèrent guerroyer seuls sur le champ de bataille abandonné. Le prince de Galles, porté sur son *chariot*, vint de ce côté, et il les regarda « moult volontiers », et il apaisa sa colère et se radoucit en les regardant, et ils combattirent tellement que les trois Français, d'un commun accord, dirent en regardant leurs épées : « Seigneurs, nous sommes vôtres, et vous » nous avez conquis : traitez-nous selon le droit des armes ». — » Par Dieu ! répondit le duc de Lancastre, nous ne l'entendons » pas autrement, messire Jean, et nous vous recevons comme nos » prisonniers (2). »

Dans le premier chapitre de son livre des *Essais*, qui a pour titre : *Par divers moyens on arrive à pareille fin*, Montaigne a signalé ce trait, relatif au prince de Galles. Citons ses propres paroles :

« La plus commune façon d'amollir les cœurs de ceulx qu'on a offensez, lors qu'ayants la vengeance en main ils nous tiennent à leur mercy, c'est de les esmouvoir, par soubmission, à commiseration

---

(1) Cette place était située dans le local occupé par la cour actuelle de l'évêché : car c'est là que se trouvait la tour de Maumont. (Voir Bonaventure, T. III, p. 764.) Or les Chroniques limousines nous apprennent que les trois chevaliers se retirèrent du côté de la tour de Maumont. (*Limousin historique*, T. I, p. 398.)

(2) Froissart, édition Buchon, T. I.

et à pitié : toutesfois la braverie et la constance, moyens tout contraires, ont quelquesfois servy à ce mesme effect.

» Edouard, prince de Galles, celuy qui regenta si longtemps nostre Guienne, personnage duquel les conditions et la fortune ont beaucoup de notables parties de grandeur, ayant esté bien fort offensé par les Limosins, et prenant leur ville par force, ne peut estre arresté par les cris du peuple et des femmes et enfants abandonnez à la boucherie, luy criants mercy, et se iectant à ses pieds ; iusqu'à ce que, passant tousiours oultre dans la ville, il apperceut trois gentilshommes françois qui d'une hardiesse incroyable soustenoient seuls l'effort de son armee victorieuse. La consideration et le respect d'une si notable vertu reboucha premierement la poincte de sa cholere ; et commencea par ces trois à faire misericorde à touts les aultres habitants de la ville (1). »

IX.

Le bruit de la prise de la cité ne tarda pas à se répandre au loin. La cour du pape, à Avignon, en fut douloureusement affectée. L'évêque et les chevaliers qui commandaient la place étaient proches parents de plusieurs cardinaux; Hugues de La Roche et Roger de Beaufort, neveux du pape Clément VI, étaient, l'un, beau-frère, l'autre, neveu du cardinal Roger, qui allait bientôt être élu pape. Aussi l'historien de la Vie d'Urbain V a-t-il consacré quelques lignes à cet évènement. Nous allons citer ce texte, qui a échappé jusqu'ici à tous les écrivains du pays :

« Dans le même temps (*septembre* 1370), la cité de Limoges, qui s'était soustraite à l'obéissance et à la domination d'Edouard, prince de Galles et d'Aquitaine, pour se soumettre au roi de France, — comme avaient déjà fait presque toutes les cités et lieux notables de ce duché, — fut assiégée par ledit prince, et si vigoureusement attaquée qu'elle fut prise par la violence et la force des armes, avec tous ceux qui s'y trouvaient, habitants et autres, qui s'y étaient réfugiés pour se défendre, et beaucoup de personnages notables qui y étaient accourus pour lui prêter secours et appui, et enfin elle fut entièrement détruite et démolie, et ses édifices

---

(1) *Essais de Montaigne*, l. I, ch. 1er.

renversés à terre, et puis rendue inhabitable et déserte, la seule église cathédrale restant debout au milieu des ruines (1) ».

Les autres chroniqueurs font un aussi triste tableau de la ruine de la cité : écoutons Froissart : « Fut la cité de Limoges courue, pillée et robée sans deport, et toute arse (*brûlée*), et mise à destruction, et puis s'en partirent les Anglois, qui emmenerent leur butin et leurs prisonniers..... Or fut le roi de France averti de la destruction et du reconquet de Limoges, et comment le prince et ses gens l'avoient laissée *toute vague, ainsi qu'une ville déserte* (2) ».

Un vieux manuscrit du pays, cité par le P. Bonaventure, s'exprime en ces termes : « La cité de Limoges fut détruite par Edouard, prince de Galles : les citoyens furent tués ; les murailles, les maisons, le palais et maison épiscopale renversés et consumés par les flammes, de sorte qu'il n'y paroissoit plus aucun vestige de cette riche cité, sinon l'église cathédrale et quelques chapelles adhérentes (3) ». D'autres mémoires du pays disent que « la cité de Limoges demeura soixante-quinze ans du tout abattue et détruite, et les maisons et murailles consumées du feu, excepté les églises et la salle (*palais*) épiscopale et deux tours ; et que, depuis ce temps-là, la cité avoit demeuré inhabitée, si ce n'est des pêcheurs, des meuniers et du menu peuple (4) ».

Ceux des citoyens qui avaient échappé au massacre furent rachetés par les habitants de la ville ou du *château*, qui, ayant pitié de leurs parents et amis, vendirent leurs domaines et héritages pour payer leur rançon : la ville se trouva remplie de pauvres citoyens qui, n'ayant ni maisons, ni meubles, ni vêtements, furent contraints de demeurer dans les hôpitaux et autres places couvertes : ces misères et ces privations, auxquelles ils n'étaient pas accoutumés, engendrèrent, deux mois après, des maladies conta-

---

(1) Eodem tempore, civitas Lemovicensis, quæ, noviter subtrahendo se ab obedientia et dominio Edoardi, principis Valliæ et Aquitaniæ, dominio regis Franciæ se submiserat, secundum quod fecerant fere omnes aliæ civitates et loca notabilia dicti ducatus, obsessa fuit per dictum principem, et tamdiu viriliter expugnata quod tandem vi et potentia armorum per eum capta fuit cum omnibus in ea existentibus, tam incolis quam aliis qui pro tuitione ad eam confugerant, ac multis notabilibus viris qui pro ejus succursu et adjutorio illuc advenerant : fuitque demum totaliter demolita et destructa, ac ædificia ejus ad terram prostrata, et exinde effecta inhabitabilis et deserta, sola ecclesia cathedrali dumtaxat remanente (*Prima vita Urbani V*, ap. Baluze, *Vitæ papar. Avenion.*, T. I, p 392.)

(2) Froissart, édition Buchon, T. I, p. 620, 621.

(3) Bonaventure de Saint-Amable, T. III, p. 659.

(4) Bonaventure de Saint-Amable, T. III, p 660.

gieuses, dont ils périrent presque tous (1). Il semblait, dit le P. Bonaventure, qu'ils ne voulussent pas *survivre à la ruine de leur pays* (2).

La conduite du prince de Galles dans cette triste circonstance a été sévèrement jugée par les historiens. Voici en quels termes un écrivain anglais, le docteur Lingard, l'a appréciée : « Le lecteur a eu souvent l'occasion d'admirer le caractère du prince Noir. Les écrivains contemporains le représentent comme le miroir de la chevalerie, le premier et le plus grand des héros. Mais le massacre de Limoges a marqué sa mémoire d'une tache honteuse et sanglante. Cet exemple, au milieu de mille autres semblables, prouve que l'institution de la chevalerie eut moins d'influence sur la civilisation de la race humaine qu'on ne lui en a souvent attribué. Elle donna, il est vrai, quelques ornements extérieurs au courage ; elle régla les lois de la courtoisie ; elle grava dans les âmes les principes souvent erronés de l'honneur : mais les passions exaltées et vindicatives étaient effectivement à l'abri de son contrôle ; et les chevaliers les plus accomplis de cette époque montrèrent souvent un penchant à la férocité qui ne laissait rien à reprendre à ceux de leurs ancêtres du VIe siècle (3). »

Ces réflexions sévères ne peuvent s'appliquer aux trois nobles chevaliers qui défendirent la cité de Limoges avec tant de courage, et dont nous allons rechercher maintenant l'origine et la patrie.

X.

JEAN DE VILLEMUR.

Et d'abord qu'était-ce que Jean de Villemur ?

Froissart nous a esquissé son portrait en deux mots : c'était, dit-il, « un grand chevalier, et fort, et bien taillé de tous ses membres » : mais il ne nous donne sur lui aucun détail biographique. Du reste, comme Jean de Villemur n'apparaît dans notre histoire qu'à cette seule journée, nos chroniqueurs ont négligé ou de rechercher son origine, ou de nous faire connaître, sur ce point, le fruit de leurs recherches. Nous voyons toutefois que

---

(1) *Chroniques limousines*, ap. *Limousin historique*, T. I, p. 398.
(2) Bonaventure, T. III, p. 659.
(3) Lingard, *Histoire d'Angleterre*, T. IV, p. 157.

ce devait être un personnage important, si nous en jugeons par
le rôle qu'il joua dans la reddition de la cité au roi de France.

Nous lisons dans le procès-verbal de cette reddition que, le
24 août 1370, quand la cité de Limoges, représentée par l'évêque,
les chanoines, les consuls et quelques notables, se rendit au
roi de France, représenté par Jean, duc de Berry, frère du roi
et les principaux seigneurs de sa suite ; nous lisons que le maréchal
de Sancerre, suivi d'une multitude de gens d'armes, entra dans
la cité aux cris mille fois répétés des habitants : *Mont-joie et
saint Denis!* Et, en ce moment, l'étendard du roi de France, —
la bannière blanche aux trois fleurs de lis d'or qui précédait le
maréchal, — était porté par noble et puissant seigneur Jean
de Villemur, qui le planta, en signe de ce qui venait de se passer,
et pour constater la prise de possession, au-dessus du portail
de Scudarie, c'est-à-dire apparemment sur le portail qui donnait
entrée dans la place par la rue actuelle de la Cité.

Jean de Villemur était donc porte-étendard du roi de France.

Mais quelle était la patrie de Jean de Villemur? quelle était
sa famille? — Nous n'avons trouvé la réponse à cette question
dans aucun des livres qui ont traité de l'histoire de notre province.

Pour résoudre ce problème historique, nous sommes parti
de cette donnée, que, — à cette époque où les familles nobles
ne suivaient que deux carrières, la carrière des armes, par laquelle
on arrivait aux honneurs séculiers, et la carrière ecclésiastique, par
laquelle on parvenait aux dignités supérieures de l'Eglise, —
à cette époque, il devait y avoir des dignitaires ecclésiastiques du
nom de Villemur : or, ces hauts dignitaires une fois trouvés,
comme l'histoire d'alors ne négligeait pas de donner des détails
circonstanciés sur leur patrie et sur leur famille, il devenait par là
facile de découvrir la famille et la patrie de Jean de Villemur.

En effet, en parcourant l'histoire ecclésiastique du xive siècle,
nous avons trouvé un cardinal du nom de Ponce ou d'Arnaud de
Villemur, qui fut revêtu de la pourpre romaine par le pape
Clément VI en 1350 ; et nous lisons dans la biographie de ce pape
que ce cardinal était Gascon d'origine (1) : nous savons qu'il fut
d'abord chanoine régulier de Saint-Augustin, et prieur de Vicdessos
au diocèse de Pamiers, en 1317 ; qu'il parvint, l'année suivante,
au siége épiscopal de Pamiers, et, plus tard, à la dignité de cardinal-
prêtre du titre de Saint-Sixte, et qu'il mourut à Avignon, le

---

(1) Baluze, *Vitæ papar. Avenion.*, col 259.

25 octobre 1355, quinze ans avant la prise de la cité de Limoges. Nous savons en outre qu'il avait un frère nommé Ponce de Villemur, qui fut d'abord abbé de Lézat, puis évêque de Couserans en 1362, et qui fut inhumé dans le monastère de Lézat en 1368, « grand religieux, dit-on, et saint évêque (1) ». Jean de Villemur devait être de la famille de ces deux dignitaires ecclésiastiques, et l'époque de leur mort nous détermine à croire qu'il était leur neveu. Il était donc originaire de la Gascogne.

La petite ville de Villemur-sur-Tarn est aujourd'hui un canton de la Haute-Garonne, dans l'arrondissement de Toulouse, dans la partie nord du département : cette ville tire son nom de la famille noble qui nous occupe, famille dont le château a servi de noyau à la ville : c'est là qu'était né Jean de Villemur, le « haut et puissant seigneur », le « grand chevalier » qui défendit si vaillamment la cité de Limoges contre le prince de Galles.

XI.

HUGUES DE LA ROCHE.

Passons maintenant à Hugues de La Roche. Quelle était sa patrie ? Quelle était sa famille ?

Hugues de La Roche était originaire du Limousin. Il était né, dit Baluze, aux environs de Tulle, d'une ancienne famille noble (2), et la commune actuelle de La Roche, qui porte le nom de cette famille, doit avoir été son berceau.

Il est appelé *noble et puissant seigneur* dans des actes de l'an 1350 publiés parmi les Preuves de la maison de Turenne ; d'autres actes, qu'on trouve dans le même recueil, le nomment seigneur de Châteauneuf et de Tourniol (*Castrinovi et Tornolii*) (3).

Clément VI, dans ses Lettres (*lib. IV, epist.* 424), l'appelle son neveu. Il était, en effet, neveu de ce pape, dont il avait épousé la nièce, Delphine Roger (4), et, par suite de cette alliance, il se

---

(1) Baluze, *Vitæ papar. Avenion.*, col. 902. — *Histoire de l'Eglise gallicane*, an 1350. — *Gall. christ. vet.*, T. II.

(2) Baluze, *Vitæ papar. Avenion.*, T. I, col. 833.

(3) Baluze, *Vitæ papar. Avenion.*, col. 833, 834. — *Preuves de la maison de Turenne*, p. 89, — 87, 103.

(4) Baluze, *Vitæ papar. Avenion.*, col. 833, 834.

trouvait le beau-frère du cardinal Roger de Beaufort, qui fut élu pape en 1370, quelques mois après la prise de la cité de Limoges, et qui prit le nom de Grégoire XI.

En 1345, il fut nommé par son oncle, le pape Clément VI, maréchal de la cour romaine, et gouverneur du comtat Venaissin (1).

A la mort de ce pape (1352), Hugues de La Roche dut perdre cette dignité : car les cardinaux qui élurent le successeur de Clément VI voulaient lui imposer, entre autres obligations, que tout parent ou allié du pape serait par cela même exclu des charges de maréchal de cour ou de gouverneur des domaines ecclésiastiques (2).

L'évêque de Limoges, Jean de Crose, qui était cousin au troisième degré du pape Grégoire XI, se trouvait allié, au même degré, du chevalier Hugues de La Roche : on explique par là comment l'évêque de Limoges détermina la cité à se rendre française, et comment Hugues de La Roche et son neveu le jeune écuyer Roger de Beaufort, tous deux parents de l'évêque, furent désignés pour la garder.

Quelques mois après la prise de la cité, en décembre 1370, le cardinal Roger de Beaufort, beau-frère de Hugues de La Roche, fut élu pape sous le nom de Grégoire XI : le chevalier de La Roche, qui était prisonnier du comte de Cambridge, dut recouvrer la liberté ; car, l'année suivante (1371), nous le retrouvons *maréchal de la cour romaine* et *maître du palais* de Grégoire XI (3).

En 1376, il faisait partie de l'armée pontificale qui, sous la conduite du cardinal Robert de Genève, alla en Italie soutenir les droits du pape Grégoire XI contre la république de Florence. Parmi les chevaliers qui se trouvaient dans cette expédition, il faut compter, suivant un manuscrit de la bibliothèque Colbert, Haukood, capitaine des Anglais; Jean de Malestroit, capitaine des Bretons; Hugues de La Roche et Gérald de La Roche, probablement le père et le fils (4).

Il résulte des recherches faites par le savant Baluze que Hugues de La Roche eut au moins quatre enfants de son mariage avec Delphine Roger : Jean et Gérald de La Roche, que Grégoire XI, dans ses lettres, appelle ses neveux ; puis Pierre de La Roche, chevalier, et Delphine de La Roche, vicomtesse d'Uzès.

---

(1) Baluze, *Vitæ papar. Avenion*, col. 833, 834.
(2) L'abbé Christophe, *Histoire de la papauté au xiv° siècle*, T. II, p. 223.
(3) Baluze, *Vitæ papar. Avenion.*, T. I, p. 834, 1422.
(4) Baluze, *Vitæ papar. Avenion.*, T. I, col. 1193.

En 1377, Jean de La Roche fut fait prisonnier dans une rencontre qu'il eut en Aquitaine avec le chaptal de Buch, et emmené captif en Angleterre. La même année, Gérald de La Roche obtint du pape Grégoire XI, son oncle, la commanderie de Brindes dans le royaume de Naples. Un autre fils de Hugues de La Roche, dont nous n'avons pu retrouver le nom, embrassa l'état ecclésiastique, et Grégoire XI, son oncle, avait eu l'intention de le faire cardinal : car, dans une supplique adressée au pape Urbain VI, trois cardinaux limousins, Jean de Crose, Guillaume d'Arfeuille et Guy de Malesec, supplient Sa Sainteté d'élever au cardinalat, dans la prochaine promotion, un de leurs parents, que Grégoire XI voulait revêtir de la pourpre, c'est-à-dire un fils du seigneur Hugues de La Roche, chevalier et neveu du même pape Grégoire XI. — Baluze a cru, mais sans fondement, qu'il s'agissait de Gérald de La Roche, commandeur de Brindes, qui avait embrassé, comme nous l'avons vu plus haut, la carrière des armes (1).

Hugues de La Roche a donc eu une carrière militaire assez glorieuse, et l'on trouverait dans ces notes assez d'éléments pour lui composer une biographie.

XII.

ROGER DE BEAUFORT.

Enfin quel était ce Roger de Beaufort, écuyer, fils du comte de Beaufort, qui combattit si vaillamment contre le comte de Pembroke. et que Froissart ne désigne pas autrement que par son nom de famille ?

La famille Roger de Beaufort a jeté le plus grand éclat en Limousin au xive siècle. Le pape Clément VI en avait commencé l'illustration; son neveu, le cardinal Pierre Roger de Beaufort, qui fut élu pape en 1370, et qui prit le nom de Grégoire XI, acheva de la mettre en lumière. Mais, si cette famille est très-connue, il n'est pas facile de déterminer quel est celui de ses membres qui se signala à la prise de la cité, et qui fut sur le point d'être armé chevalier, comme François Ier à Marignan, sur le champ de bataille. Etait-ce un frère de Grégoire XI? Etait-ce un neveu? Là est la difficulté, là est le nœud du problème.

Disons quelques mots pour éclaircir la question. Le pape

---

(1) Baluze, *Vitæ papar. Avenion.*, T. I, col. 834.

Clément VI, qui s'appelait, comme on sait, Pierre Roger, et qui était né d'une famille de chevaliers au château de Maumont, fut élu pape en 1342. Le roi de France Philippe de Valois, voulant donner de l'éclat à la famille du pape et en rehausser la noblesse, accorda au frère de Clément VI, Guillaume Roger, le comté de Beaufort en Vallée dans l'Anjou, qui dépendait de l'ancien domaine de la couronne. Ce Guillaume Roger, comte de Beaufort, eut, de son premier mariage avec Marie de Chambon, un grand nombre d'enfants, parmi lesquels nous signalerons : 1° Guillaume Roger II, qui lui succéda dans le comté de Beaufort, et qui acheta, en 1350, la vicomté de Turenne; 2° Delphine Roger, épouse de Hugues de La Roche; 3° Pierre Roger, élu pape en 1370, qui prit le nom de Grégoire XI. Le comte de Beaufort, après la mort de sa seconde épouse, en 1359, contracta une troisième alliance (1). Etait-il mort en 1370, à l'époque où fut saccagée la cité de Limoges, et où son fils fut élu pape? Nous n'avons rien trouvé de positif sur ce point, qui eût décidé la question.

S'il vivait encore en 1370, c'est lui que Froissart aurait désigné sous le nom de comte de Beaufort. Dès lors l'écuyer Roger de Beaufort, fils du comte de ce nom, serait un frère de Grégoire XI. Serait-ce le fils aîné, Guillaume Roger II, qui fut émancipé par son père en 1350, qui acheta cette année la vicomté de Turenne, et épousa Aliénor de Comminges (2)? Cette hypothèse est peu admissible, car on ne comprend pas que ce personnage, qui avait alors plus de quarante ans, et dont la position était si haute, ne fût pas encore chevalier. Il l'était du reste quelques mois plus tard, car nous lisons dans le P. Bonaventure : « La même année (1372) en janvier, Guillaume de Beaufort, chevalier et vicomte de Turenne, reconnut Charles cinquième, roi de France, pour son seigneur (3) ». Serait-ce un autre frère de Grégoire XI plus jeune que ce pape, lequel fut élu cette année à l'âge de quarante ans? Serait-ce, par exemple, Raymond Roger de Beaufort, que nous trouvons dans la généalogie de cette famille (4)?

Il nous paraît plus probable que, en 1370, Guillaume Roger était mort, et que c'est son fils aîné, Guillaume Roger II, marié, depuis 1350, avec Aliénor de Comminges, que Froissart a désigné sous le

---

(1) Baluze, *Vitæ papar. Avenion.*, col. 831, 832.
(2) Baluze, *Vitæ papar. Avenion.*, col. 832.
(3) Bonaventure, T. III, p. 665.
(4) Baluze, *Vitæ papar. Avenion.*, col. 831.

nom de comte de Beaufort. Dès lors ce brave écuyer dont parle le chroniqueur c'était non pas un frère, mais un neveu du pape Grégoire XI, peut-être Nicolas Roger de Beaufort, que ce pape appelle son neveu dans un titre de 1353 (1); peut-être encore Raymond fils aîné de Guillaume II et d'Aliénor de Comminges (2), qui ne devait être âgé que de dix-neuf ans, mais en qui *la valeur n'avait pas attendu le nombre des années.* Et ce qui nous incline à cette opinion que Roger de Beaufort était jeune, c'est qu'il n'était qu'écuyer, c'est qu'il combattait contre le comte de Pembroke, « jeune homme, dit le P. Bonaventure, injurieux aux saints et aux églises, qui fut fait prisonnier en 1372 (3) ». Roger de Beaufort était donc vraisemblablement un neveu de Hugues de La Roche et du pape Grégoire XI.

Si cette dernière question reste un peu dans le vague, nous n'en connaissons pas moins les familles qui ont fourni à cette grande journée de notre histoire locale trois héros dont la gloire ne périra point, et dont la vaillance, en forçant l'admiration du prince de Galles lui-même, fit tomber sa colère, et épargna des flots de sang.

(1) Baluze, *Vita papar. Avenion.*, col. 830.
(2) Baluze, *Vitæ papar. A venion.*, col. 833.
(3) Bonaventure, T. III, p. 665.

www.ingramcontent.com/pod-product-compliance
Lightning Source LLC
Chambersburg PA
CBHW060616050426
42451CB00012B/2276